엄마표

초간단 미술놀이
드로잉 북

초간단 미술놀이 드로잉 북

초판 1쇄　인쇄일　2024년　11월　5일
초판 1쇄　발행일　2024년　11월　18일

지은이　최미연 안예나
펴낸이　유성권

편집장　윤경선
편집　김효선 조아윤　홍보　윤소담 박채원　디자인　박정실
마케팅　김선우 강성 최성환 박혜민 심예찬 김현지
제작　장재균　　　　　물류　김성훈 강동훈

펴낸곳　㈜이퍼블릭
출판등록　1970년 7월 28일, 제1-170호
주소　서울시 양천구 목동서로211 범문빌딩 (07995)
대표전화　02-2653-5131 | 팩스 02-2653-2455
메일　loginbook@epublic.co.kr
포스트　post.naver.com/epubliclogin
홈페이지　www.loginbook.com

- 이 책은 저작권법으로 보호받는 저작물이므로 무단 전재와 복제를 금지하며, 이 책 내용의 전부 또는 일부를 이용하려면 반드시 저작권자와 ㈜이퍼블릭의 서면 동의를 받아야 합니다.
- 잘못된 책은 구입처에서 교환해 드립니다.
- 책값과 ISBN은 뒤표지에 있습니다.

로그인 은 ㈜이퍼블릭의 어학·자녀교육·실용 브랜드입니다.

창의력과 상상력,
오감 발달을 도와주는
엄마표 미술 도안 60

초간단 미술놀이 드로잉 북

최미연(미대엄마), 안예나 지음

로그인

프롤로그

《(미대엄마와 함께하는) 초간단 미술놀이》를 출간한 지 어느덧 3년이 되었습니다. 엄마들의 호응과 꾸준한 사랑에 감사한 한편 마음 한구석엔 '어떻게 하면 《초간단 미술놀이》에 들어 있는 활동을 더 재미있고 알차게 할 수 있을까?'라는 고민이 늘 있었습니다. 고민 끝에 아이와 꼭 한번 다시 해보았으면 하는 활동을 모아 이 책 《초간단 미술놀이 드로잉 북》을 만들었습니다. 딸아이와 한 번 했던 놀이를 다시 할 때 제가 간단한 도안이나 워크지를 만들어 함께 했던 경험을 살려서 말이지요.

"저는 그림을 못 그려서 아이와 미술놀이를 하는 게 두려워요." 이렇게 말하는 엄마, 아빠들이 많습니다. 맞아요, 이런 분들은 시작이 어렵다고 생각할 수 있어요. 하지만 이 책을 펼쳐 필요한 재료를 꺼내 주는 순간 아이는 온전히 미술 시간을 즐길 것이고, 엄마 아빠는 그저 지켜봐 주시기만 하면 됩니다. 미술놀이를 할 때 보호자가 큰 역할을 해야 한다는 부담은 버리세요. 재료를 제공하고 공간을 마련해 줬다면 이미 많은 역할을 한 거니까요.

아이와 함께하는 미술놀이 시간은 생각보다 많은 가르침을 줍니다. 단순히 색을 칠하고 그림을 그리는 시간이 아닙니다. 미술놀이를 통해 아이는 세상을 이해합니다. 자신을 표현하기도 하고요. 그런 의미에서 이 책 《초간단 미술놀이 드로잉 북》이 아이의 창의력을 마음껏 펼치는 공간, 자신의 이야기를 담아내는 일기장이 되었으면 합니다.

색을 만들고, 다양한 재료가 주는 질감을 느끼고, 재미있는 작품을 만들어내는 과정에서 아이들은 자신감을 키워갑니다. 실패를 두려워하지 않는 태도도 배울 수 있지요. 엄마 아빠와 눈을 마주치고 함께 보내는 시간 속에서 서로를 존중하는 법도 배웁니다. 이 책이 보호자와 아이 모두에게 즐거움과 행복을 주는 선물이 되었으면 하는 바람입니다.

미술이 친구가 되는 그날까지

최미연, 안예나

차 례

01 알록달록 요구르트 물감 만들기 … 09
02 컬러 파스타 ① … 11
03 컬러 파스타 ② … 13
04 컬러 마카로니 소꿉놀이 … 15
05 미끌미끌 재미있는 컬러 로션 … 17
06 미끌미끌 밀가루풀 물감 ① … 19
07 미끌미끌 밀가루풀 물감 ② … 21
08 꾸덕꾸덕 황토놀이 … 23
09 예쁜 나뭇잎 도장 찍기 … 25
10 감성적인 자연물 컬러 팔레트 ① … 27
11 감성적인 자연물 컬러 팔레트 ② … 29
12 꽃으로 만드는 붓 … 31
13 바다 전시회 … 33
14 흙과 함께 자라는 아이 … 35
15 햇빛과 함께 그리는 그림자 그림 ① … 37

16 햇빛과 함께 그리는 그림자 그림 ② … 39
17 칙칙 신나는 컬러 스프레이 ① … 41
18 칙칙 신나는 컬러 스프레이 ② … 43
19 햇빛이 보여주는 푸른 그림 … 45
20 꼬물꼬물 무지개 코인티슈 … 47
21 내 맘대로 소금 점토 … 49
22 쭉쭉 밀면서 그리는 그림 ① … 51
23 쭉쭉 밀면서 그리는 그림 ② … 53
24 톡톡 뽁뽁이 그림 … 55
25 이쪽저쪽 데칼코마니 ① … 57
26 이쪽저쪽 데칼코마니 ② … 59
27 휙휙 신나는 물감 흘리기 ① … 61
28 휙휙 신나는 물감 흘리기 ② … 63
29 신비로운 썬캐쳐 만들기 ① … 65
30 신비로운 썬캐쳐 만들기 ② … 67

31 차곡차곡 색모래 유리병 ① … 69
32 차곡차곡 색모래 유리병 ② … 71
33 콩콩 과일 도장 찍기 … 73
34 쾅쾅 꽃잎 그림 그리기 … 75
35 소금 뿌려서 그림 그리기 ① … 77
36 소금 뿌려서 그림 그리기 ② … 79
37 슝슝 드라이어 그림 … 81
38 차가운 얼음 물감 … 83
39 양초로 쓴 비밀 편지 … 85
40 신기한 종이 습자지 … 87
41 비밀 그림 찾아 주는 오일 ① … 89
42 비밀 그림 찾아 주는 오일 ② … 91
43 뜨거운 크레용 놀이 … 93
44 컬러 소금 … 95
45 보글보글 거품 물감 … 97

46 코튼볼 놀이 … 99
47 고체 물감 만들기 … 101
48 먹어도 안전한 소금 물감 … 103
49 내가 만든 붓으로 그리는 그림 … 105
50 소스 통으로 점 그리기 … 107
51 캔버스 미술놀이 ① … 109
52 캔버스 미술놀이 ② … 111
53 초간단 스텐실 … 113
54 내가 만든 크레용 ① … 115
55 내가 만든 크레용 ② … 117
56 코튼볼로 그림 그리기 … 119
57 콕콕 면봉 물감 놀이 ① … 121
58 콕콕 면봉 물감 놀이 ② … 123
59 쫀득쫀득 거품 물감 ① … 125
60 쫀득쫀득 거품 물감 ② … 127

01 알록달록 요구르트 물감 만들기

활동 방법 플레인 요구르트에 식용 색소를 넣어 원하는 색을 만들어 손으로 달팽이를 색칠해 보아요.

놀이 효과

➕ **손과 눈의 협응력을 높일 수 있어요.**
붓이나 손가락을 조작하여 그림을 그리는 과정에서 눈과 손의 협응력이 향상됩니다.

➕ **소근육이 발달되어요.**
요구르트를 문지르고, 펴고, 섞는 활동을 통해 손과 손가락의 작은 근육을 강화할 수 있어요.

➕ **주의력이 높아져요.**
요구르트와 색소를 섞어 물감을 만들려면 순차적인 단계를 따라야 합니다. 이를 통해 주의력과 순서를 정하는 능력이 길러져요.

02 컬러 파스타 ①

 **활동 방법** 파스타 면을 식용 색소로 염색하여 가위로 자른 뒤 워크지 속 여자의 머리 위에 붙여 주세요.

 놀이 효과

● **색을 입힌 파스타로 놀이하는 과정에서 색 구분 능력이 향상되어요.**
색상을 인지하고 이름을 알아갈 수 있어요. 초기 인지 발달에 매우 중요한 과정입니다.

● **파스타 면을 종이에 배치하면서 표현력이 좋아져요.**
다양한 컬러와 모양을 결합하는 과정에서 창의력과 시각적 능력이 키워집니다.

● **가위 사용을 통해 손가락의 기능을 높일 수 있어요.**
가위 사용 연습을 통해 손의 힘을 기르고 눈과 손의 협응력도 향상시킬 수 있어요.

03 컬러 파스타 ②

활동 방법 파스타 면을 식용 색소로 염색하여 가위로 자른 뒤 무지개를 꾸며 주세요.

Tip

아이가 그림 그리기에 관심을 갖게 하려면 어떻게 도와주어야 할까요?

그림 그리는 행위에 정답이 없다는 것을 느끼게 도와주세요. 심리적 압박 없이 그림 그리는 행위 자체를 즐길 수 있어야 합니다. 아이의 그림을 보며 관심사에 대한 이야기를 나누는 것도 좋은 방법이에요. 그림 그리는 시간을 편안하게 유지해 주되 평가나 비판은 하지 않는 것이 좋습니다. 아이가 집중해서 온전히 과정을 즐길 수 있도록 도와주세요.

04 컬러 마카로니 소꿉놀이

활동 방법 마카로니를 식용 색소로 염색한 뒤 말려서 워크지에 올려 소꿉놀이를 해보아요. 재사용이 가능한 재료이니 다양하게 놀이해 보세요.

놀이 효과

➕ **작은 마카로니를 다루고 배열하는 활동을 통해 다양한 손동작을 연습할 수 있어요.**
작은 마카로니를 손으로 집고 원하는 위치에 놓는 과정은 소근육 발달과 집중력 향상에 좋습니다.

➕ **역할 놀이를 통해 사회적 능력을 키워요.**
주방놀이, 가족놀이, 병원놀이 등을 하는 과정에서 다양한 관점을 이해하고 표현하는 언어적 능력이 길러집니다. 이 과정을 통해 사회적 기술까지 키울 수 있어요.

➕ **계획, 순서, 분류와 같은 인지 능력이 계발되어요.**
놀이 역할극을 하면서 자연스럽게 아이 스스로 계획, 순서, 분류 등의 활동을 하게 됩니다. 사회적 상호 작용과 의사소통 능력까지 향상시킬 수 있어요.

05 미끌미끌 재미있는 컬러 로션

활동 방법 로션에 식용 색소를 섞어 물감을 만든 뒤 붓 대신 손으로 워크지에 올려 여러 가지 컬러를 탐색해 보세요.

놀이 효과

➕ **로션의 미끌미끌한 질감은 촉각을, 향기는 후각을 자극할 수 있어요.**
로션의 질감과 향기, 색소의 컬러까지 다양한 감각을 느낄 수 있습니다.

➕ **색을 섞지 않은 로션으로 하는 마사지는 보호자와의 애착을 높여 줍니다.**
식용 색소를 섞지 않은 로션으로 아이 몸을 마사지하며 스킨십을 해보세요. 애착 형성에 도움이 되어요.

➕ **컬러 휠 워크지에 색상을 배열하면서 유사색과 보색을 간접적으로 이해할 수 있어요.**
옆에 있는 유사색, 마주 보고 있는 보색에 비슷한 컬러의 로션을 올려놓으며 다양한 색을 경험해 보아요.

06 미끌미끌 밀가루풀 물감 ①

활동 방법 밀가루와 식용 색소를 섞어 만든 풀을 손으로 집어 마음껏 놀이해 보세요.

놀이 효과

➕ **감정 표현과 조절에 도움이 되어요.**
밀가루풀로 놀이하는 과정에서 아이들은 감정과 정서를 비언어적인 방법으로 표현할 수 있어요. 동시에 스트레스도 발산할 수 있답니다.

➕ **인지 발달과 문제 해결력을 높일 수 있어요.**
원하는 색을 얻기 위해 색을 섞고 만들면서 문제 해결력을 키울 수 있어요. 밀가루에 넣는 물의 양을 달리하면 느껴지는 질감도 달라져요. 이는 아이에게 다양한 감각을 제공해 인지 발달에 도움을 줍니다.

➕ **주의력을 향상시킬 수 있어요.**
워크지의 동그라미 안에 손가락으로 물감을 바르는 활동은 소근육을 발달시켜 줍니다. 집중력과 주의력 향상에도 도움이 되어요.

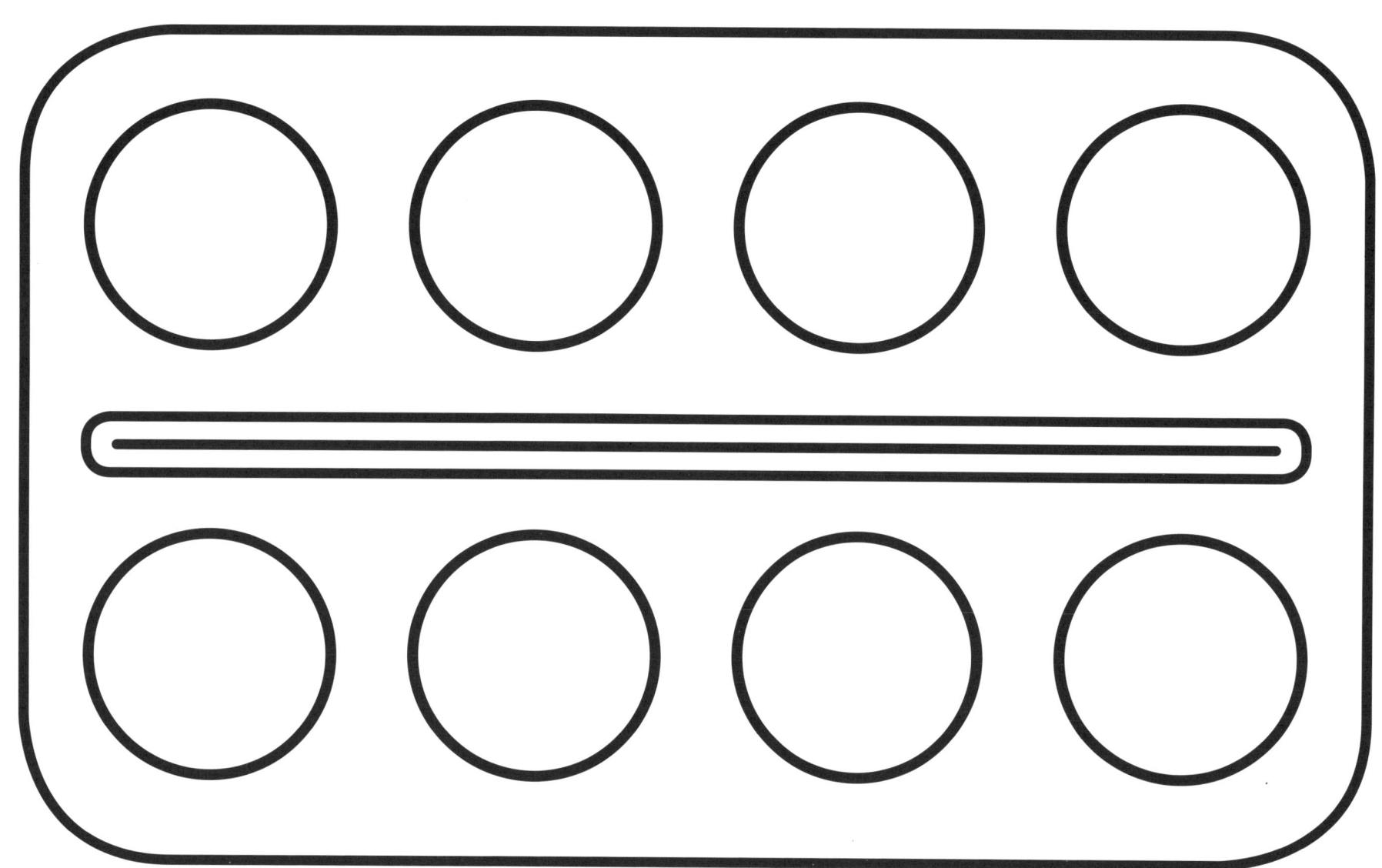

07 미끌미끌 밀가루풀 물감 ②

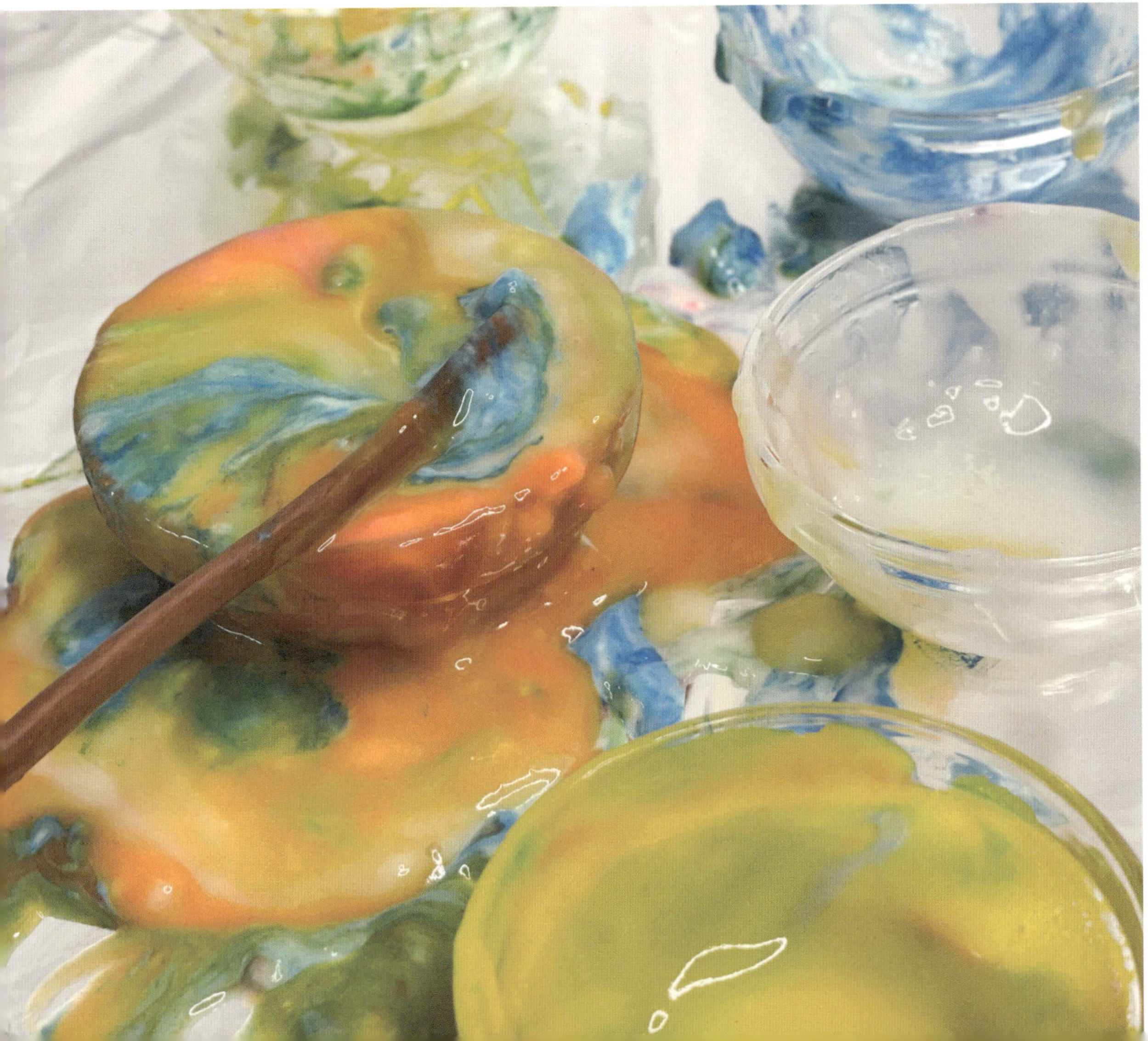

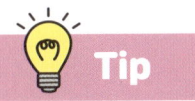

활동 방법 밀가루풀을 워크지에 물감처럼 사용하여 달콤한 아이스크림을 완성해 보아요.

Tip

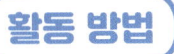

미술 활동은 어떤 장점이 있나요?

미술 활동은 크게 인지 발달, 언어 발달, 감정 표현에 도움을 줍니다. 여러 가지 재료들을 다루고 표현하는 과정에서 인지 발달이 되고, 작품을 만드는 과정에서 언어 표현력도 높아집니다. 아이는 색 표현이나 형태 표현을 통해 감정을 표현하게 되는데, 이 과정에서 심리적 치유 효과까지 경험할 수 있어요. 스트레스를 받은 아이에게 미술 활동은 표현하기 힘든 감정을 표출하고 감정을 다스리는 힘을 키워줄 수 있답니다.

08 꾸덕꾸덕 황토놀이

활동 방법 황토가루에 물을 섞어 자유롭게 놀이해 보고, 미로 찾기도 해보세요. 물의 양에 따라 달라지는 촉감을 탐색해 보는 것도 좋아요.

놀이 효과

➕ **천연 재료들을 접하며 자연을 느낄 수 있어요.**
황토는 자연 그대로의 건강한 재료입니다. 자연물을 가지고 놀이하는 과정에서 아이와 환경에 대해 생각해 볼 기회를 가질 수 있어요.

➕ **다양한 감각을 발달시킬 수 있어요.**
황토의 독특한 향과 감촉을 느끼며 여러 가지 감각을 자극 받아요.

➕ **집중력과 인내력이 향상되어요.**
미로를 따라 목적지로 가려면 집중력과 인내심이 필요합니다. 끈기를 가지고 목적을 달성해 보세요. 몰입력과 성취감도 높아질 거예요.

09 예쁜 나뭇잎 도장 찍기

활동 방법 나뭇잎을 주워 한쪽 면에 물감을 칠한 후 종이에 찍어 보세요.

놀이 효과

➕ **제각각 다른 나뭇잎의 형태와 색을 보며 관찰력을 기를 수 있어요.**
자연에 대한 이해도를 높이고 과학적 사고를 키우는 데 도움이 됩니다.

➕ **정서적 표현력이 좋아집니다.**
미술놀이는 내면의 감정을 표현하는 좋은 방법입니다. 마음속의 감정을 자유롭게 표현할 수 있어요.

➕ **그림 그리기를 어려워하는 아이도 즐겁게 할 수 있어요.**
나뭇잎에 물감을 묻혀 누르는 간단한 놀이입니다. 아직 그림으로 무언가를 표현하기 어려운 아이도 부담 없이 즐길 수 있답니다.

10 감성적인 자연물 컬러 팔레트 ①

활동 방법 팔레트 워크지 위에 비슷한 색의 자연물을 모아 올린 뒤 아래에 '나만의 색깔 이름'을 붙여 보아요.

놀이 효과

➕ **자연물을 색깔별로 분류하고 팔레트를 만드는 과정에서 색채에 대한 이해가 깊어집니다.**
다양한 색의 자연물을 분류하면서 색상의 미묘한 차이를 감각적으로 알아갈 수 있어요.

➕ **주변의 자연물을 수집하면서 관찰력이 좋아져요.**
자연에서 예술적 요소를 찾아내는 활동은 관찰력을 필요로 합니다.

➕ **자연물을 만지면서 정서적 안정감을 얻을 수 있어요.**
인조물이 아닌 자연물이 주는 따뜻함은 스트레스와 불안을 줄이는 데 도움을 줍니다. 천연 재료를 이용한 놀이가 주는 촉각적 경험은 아이의 마음을 안정시켜 주는 효과도 있답니다.

11 감성적인 자연물 컬러 팔레트 ②

 색이 칠해진 위쪽 칸에는 채집한 자연물을 올리고, 아래쪽 칸에는 채집한 자연물의 색이름을 써 보아요.

 Tip

아이가 자유롭게 그림을 그리도록 그냥 두는 것이 좋을까요?

어떤 미술 활동을 하는지에 따라 다릅니다. 처음 접하는 기법을 알려주는 경우라면 아이에게 설명한 뒤에 함께 해보는 것이 좋아요. 아이가 기법을 이해한 뒤에는 자기만의 방법을 만들어나가는 모습을 지켜봐 주세요. 자유로운 난화의 경우에는 아이가 표현하고 싶은 것을 표현하도록 하면 됩니다. 가지고 있는 미술 활동의 목표에 따라 보호자의 개입 여부와 정보를 결정하시는 것이 좋아요.

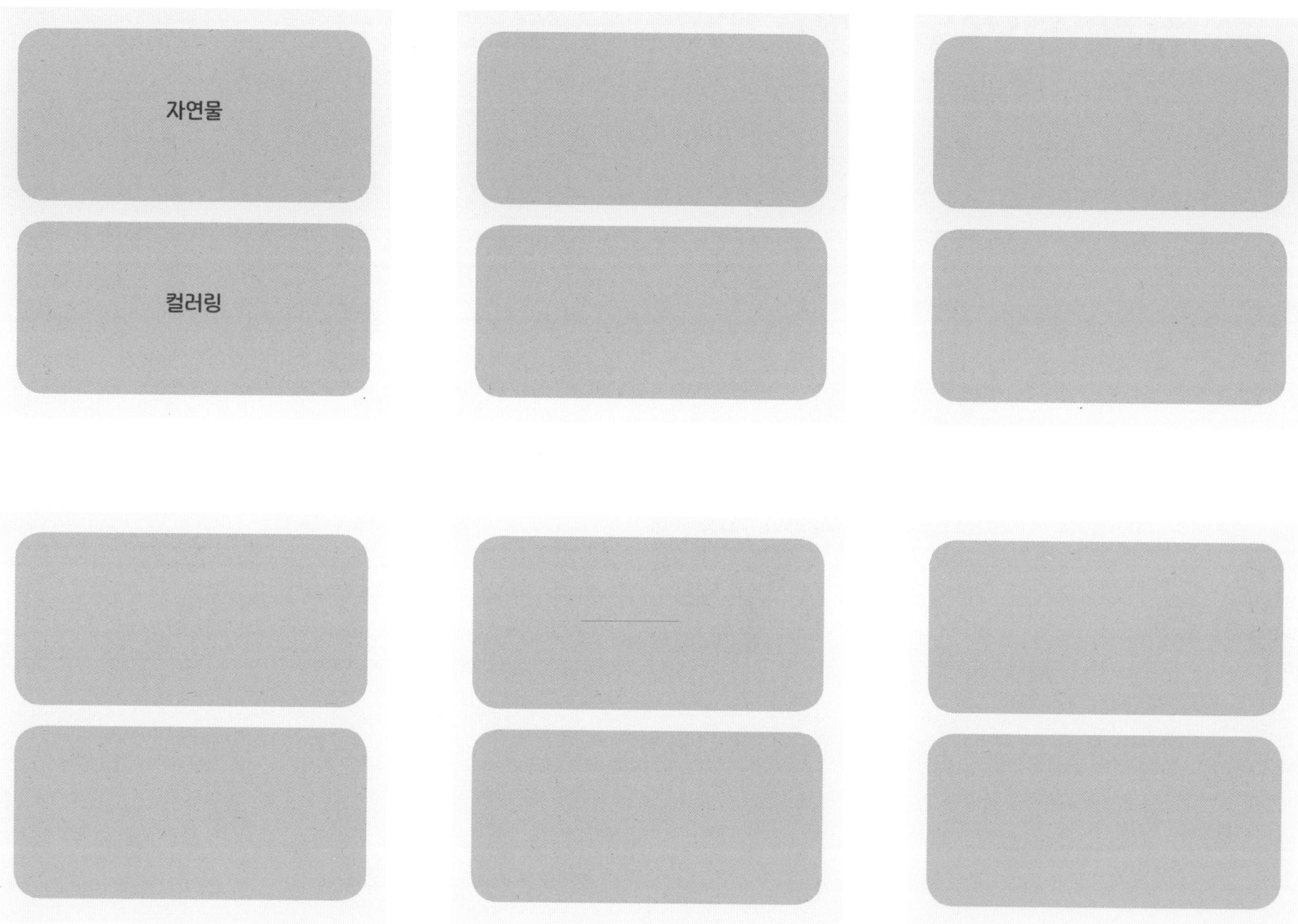

12 꽃으로 만드는 붓

 **활동 방법** 마스킹 테이프로 꽃붓을 만들고, 물감을 묻혀 워크지의 나뭇가지를 완성해 보세요.

 놀이 효과

➕ **붓 사용이 쉽지 않은 어린 아이에게 물감에 흥미를 갖게 해줘요.**
붓을 사용하여 세밀한 그림을 그리기 어려운 어린 아이에게 흥미로운 놀이가 될 수 있어요.

➕ **꽃과 붓의 차이를 느끼면서 인지 능력이 향상되어요.**
붓으로 그림을 그려본 아이는 꽃으로 그림을 그리는 것과의 차이를 느끼게 됩니다. 두 가지 붓의 차이를 느끼며 인지 능력이 높아져요.

➕ **의도하지 않은 결과물이 문제 해결 능력을 높여줘요.**
붓과 달리 꽃은 불규칙적인 형태라 의도대로 조절하며 사용하기가 쉽지 않아요. 이런 미술 재료는 의도치 않은 결과를 보여주지요. 이 과정에서 유연한 사고와 문제 해결 능력이 커집니다.

13 바다 전시회

활동 방법 워크지의 조개껍데기를 색연필이나 마카로 꾸며 보세요. 꾸미기 재료들을 워크지에 붙여도 좋아요.

놀이 효과

➕ **창의력이 향상되어요.**
조개 워크지 위에 다양한 패턴과 디자인을 적용하는 과정에서 창의력이 자라나요.

➕ **집중력과 인내심을 기르기 좋아요.**
주어진 워크지에 그림을 그리거나 워크지를 꾸미는 과정은 집중력을 키우는 데 좋습니다.

➕ **미술적 기술을 향상시킬 수 있어요.**
선 그리기, 색칠하기, 형태 그리기 등을 통해 미술 표현의 기초를 키울 수 있어요.

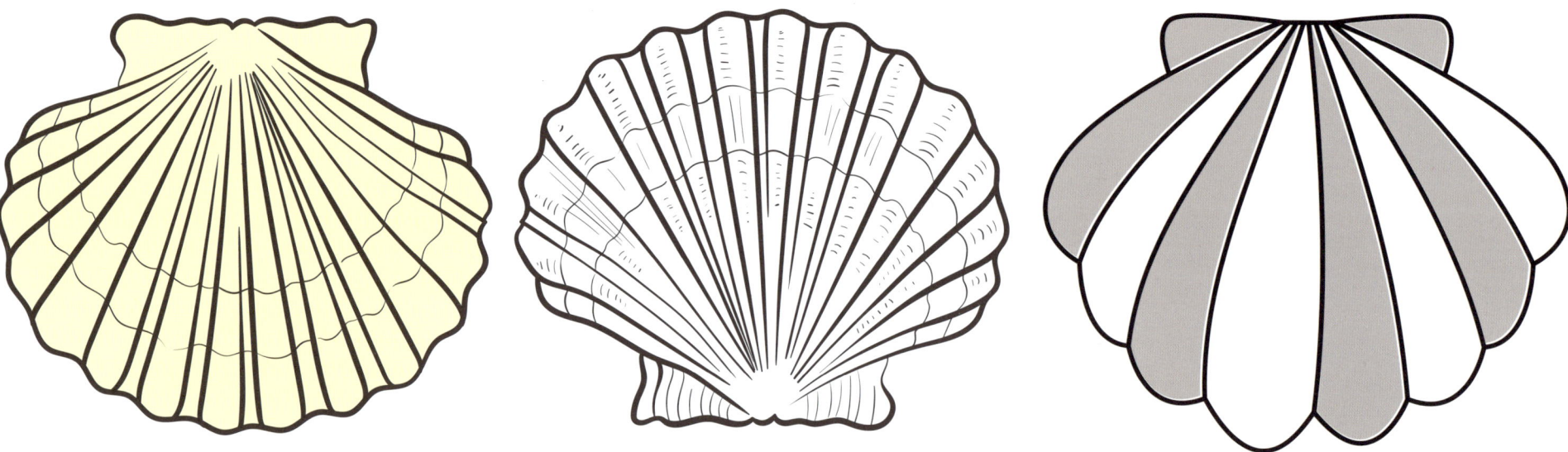

14 흙과 함께 자라는 아이

활동 방법 흙과 물을 섞어 흙 물감을 만든 다음 워크지에 얼굴을 그려 보세요.

💡 놀이 효과

➕ **자연물의 질감과 색을 느낄 수 있어요.**

흙은 색과 질감이 다양해요. 물과 섞어 물감처럼 사용하면 자연스럽고 독특한 색을 얻을 수 있답니다. 물감과는 다른 흙의 특성을 느껴 보세요.

➕ **흙은 주변에서 쉽게 구할 수 있는 안전한 재료입니다.**

흙과 물은 주변에서 쉽게 구할 수 있는 재료예요. 화학 물질이 들어 있지 않아 안심하고 사용해도 됩니다.

➕ **입체감을 잘 표현할 수 있어요.**

흙은 입자와 크기, 물의 양에 따라 다양한 질감과 두께를 구현할 수 있어요. 입체감 있는 작품을 만들어보면 재미있답니다.

15 햇빛과 함께 그리는 그림자 그림 ①

활동 방법 워크지를 잘라 사진의 피규어처럼 세워 그림자를 만든 뒤 색연필이나 마카로 그림자 외곽선을 따라 그려 보세요.

놀이 효과

➕ **자르기 연습을 통해 가위질에 능숙해져요.**
(보호자와 함께) 가위질을 하는 과정에서 서툴렀던 가위질이 익숙해져요.

➕ **형태 인식 능력이 향상되어요.**
그림자는 물체의 형태를 단순화해서 보여줍니다. 윤곽선만 보이기 때문에 아이들은 물체의 형태를 쉽게 인식할 수 있어요. 이를 통해 형태를 이해하는 데 필요한 기초적인 시각 정보를 얻을 수 있어요.

➕ **빛과 그림자의 관계를 이해할 수 있어요.**
그림자를 관찰하면서 빛의 방향과 물체의 위치가 어떻게 그림자를 만들어내는지 이해합니다.

16 햇빛과 함께 그리는 그림자 그림 ②

활동 방법 동물의 그림자는 어떤 모양일까요? 그림을 그리며 형태를 확인해 보세요.

 **Tip**

미술 활동은 얼마나 하는 것이 좋을까요?

정해진 시간은 없지만 주 2~3회 정도 미술놀이를 즐기면 좋아요. 시간적 여유가 있다면 매일 활동하면서 이야기를 나누면 더 좋겠지요. 어린 아이들의 집중력은 성인보다 짧습니다. 그러니 15~20분 정도의 짧은 시간을 매주 꾸준히 하되 조금씩 시간을 늘려 집중력을 늘릴 수 있도록 해주세요.

17 칙칙 신나는 컬러 스프레이 ①

활동 방법 스프레이 통에 물감과 물을 섞어서 넣은 뒤 워크지를 잘라 흰 종이에 올리고 그 위에 물감을 뿌려 주세요.

놀이 효과

➕ **감각적인 경험을 할 수 있어요.**
스프레이를 이용해 물감을 뿌리는 과정이 흥미를 주는 것은 물론 여러 가지 감각을 느낄 수 있게 해줘요.

➕ **소근육이 발달해요.**
스프레이 물감을 사용하는 과정에서 손의 근육을 조절하는 연습을 할 수 있어요. 이렇게 만들어진 소근육은 다른 세밀한 작업을 하는 데 중요한 역할을 한답니다.

➕ **미술의 다양한 기법을 경험할 수 있어요.**
스프레이로 물감을 뿌리는 기법은 자유롭고 즉흥적인 표현을 가능하게 해줘요. 전통적인 기법에서 벗어나 새로운 표현 기법을 경험해 보아요.

18 칙칙 신나는 컬러 스프레이 ②

활동 방법 스프레이 물감을 종이에 뿌려 자유롭고 즉흥적인 놀이를 즐겨 보세요.

Tip

주변을 지저분하게 만들지 않고 미술 활동을 할 수 있을까요?

에너지가 높은 아이라면 욕실이나 야외에서 활동해 보는 것도 좋아요. 물에 잘 녹거나 세탁성이 좋은 제품을 사용하는 것도 추천합니다. 자유로운 발산의 시간을 가졌다면 활동이 끝나고 스스로 정리하는 이완의 시간도 꼭 가져야 해요. 내가 활동한 공간을 스스로 정리하는 시간에도 많은 것을 배울 수 있답니다.

19 햇빛이 보여주는 푸른 그림

활동 방법 감광지 위에 워크지를 잘라 올린 다음 5~10분 정도 햇빛에 노출해 주세요. 종이를 물에 씻어 말리면 완성됩니다.

놀이 효과

➕ **관찰력과 분석력을 키울 수 있어요**

색의 변화를 관찰하면서 아이들은 흥미로운 경험을 합니다. 흥미로울수록 관찰력과 분석적 사고력도 커지지요.

➕ **호기심을 이끌어낼 수 있어요.**

신기한 감광지 놀이로 호기심을 키우고, 추후 과학 활동과도 연계해 보아요.

➕ **자연 속 미술 놀이의 즐거움을 경험할 수 있어요.**

햇빛을 찾아 밖으로 나가는 과정에서 집 아닌 다른 공간에서 하는 미술놀이의 즐거움을 느낄 수 있어요.

20 꼬물꼬물 무지개 코인티슈

활동 방법 사인펜으로 코인티슈를 칠하여 워크지 위에 올린 다음 스포이트에 물을 담아 뿌려 보아요.

놀이 효과

➕ **손의 다양한 근육들을 사용할 수 있어요.**
사인펜으로 코인티슈를 칠하고 스포이트를 사용하는 과정에서 평소 사용하지 않던 근육들을 써볼 수 있어요.

➕ **색 인지 능력이 향상되어요.**
같은 색의 코인티슈를 워크지 위에 올려보는 과정에서 색 인지 능력을 기를 수 있어요.

➕ **조절력을 높일 수 있어요.**
스포이트에 물을 채우고 짜는 과정에서 물의 양을 조절해야 하는데, 이를 통해 손의 힘을 조절하는 능력을 키울 수 있답니다.

21 내 맘대로 소금 점토

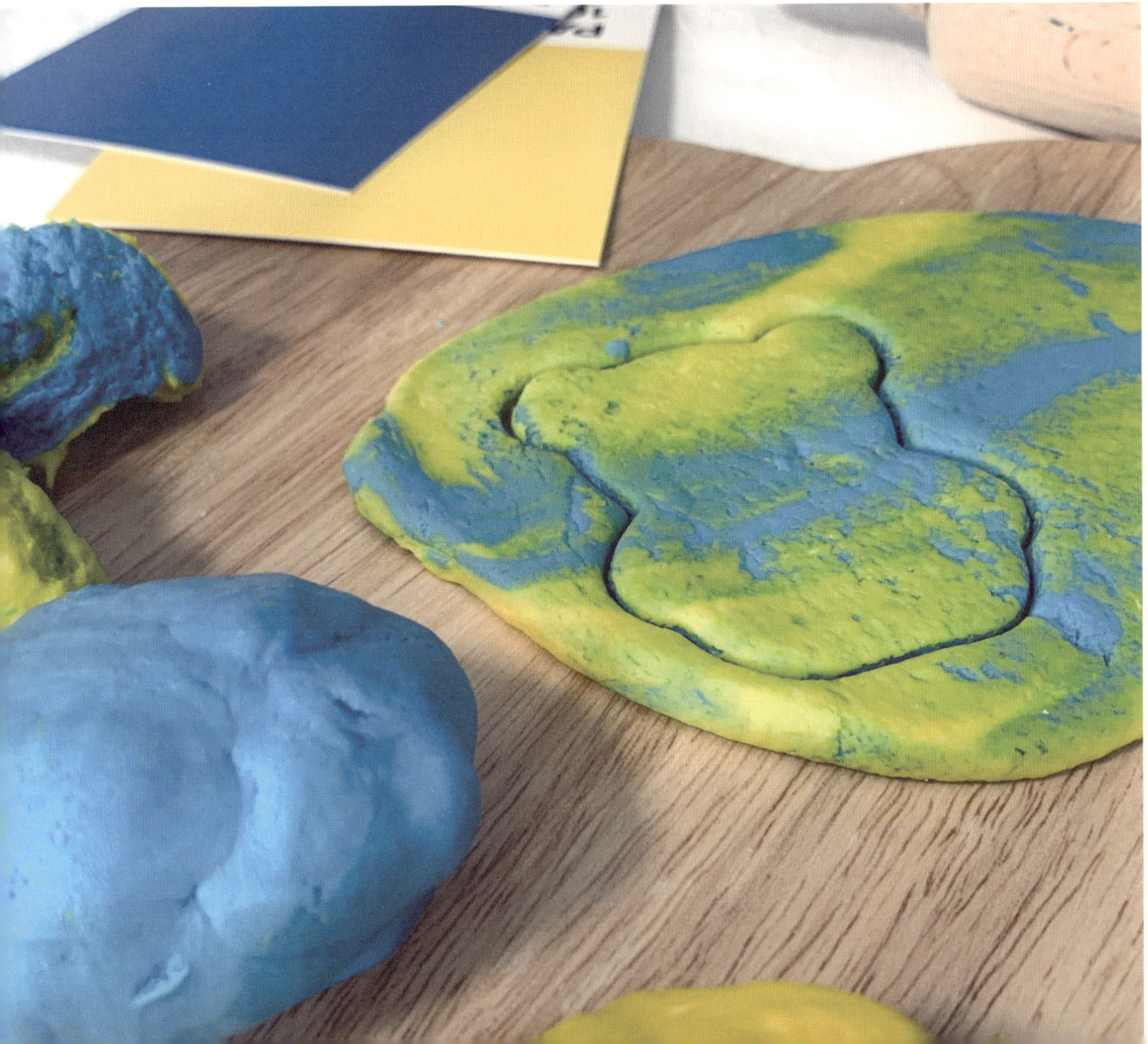

활동 방법 밀가루에 소금과 물, 식용 색소를 섞어 점토를 만들어 워크지 위에 올려 재미있는 아이스크림을 완성해 보아요.

놀이 효과

➕ **여러 가지 형태에 도전할 수 있어요.**
평면과 입체 모두 제한 없이 만들고 싶은 다양한 형태로 표현할 수 있습니다.

➕ **결과를 예측하고 분석하는 능력을 기를 수 있어요.**
점토를 만들며 달라지는 질감의 변화를 통해 인과 관계를 배울 수 있어요.

➕ **감각 정보를 조합하고 반응하는 능력을 끌어올릴 수 있어요.**
촉각, 후각, 시각이 함께 작용하므로 감각 통합 능력이 길러져요. 이러한 능력은 주변을 탐색하고 이해하는 데 필수적입니다. 아이의 발달에도 긍정적인 영향을 주지요.

22 쭉쭉 밀면서 그리는 그림 ①

활동 방법 동그라미 위에 물감을 짠 뒤 작은 박스 조각이나 카드를 이용하여 화살표 방향으로 쭉 밀어 보세요.

놀이 효과

➕ **자신감을 기를 수 있어요.**
이와 같은 흥미 위주의 활동은 세밀한 형태를 그리는 작업에 비해 눈에 보이는 평가 기준이 명확하지 않아요. 그렇기 때문에 활동 과정에서 자신감을 얻을 수 있어요.

➕ **정밀한 운동 능력이 발달해요.**
물감의 양을 조절하고 원하는 위치에 짜는 과정에서 정밀한 운동 능력을 기를 수 있어요.

➕ **논리적 사고력과 예측 능력을 기를 수 있어요.**
인과 관계를 이해하는 것은 논리적 사고와 관련이 있습니다. 물감을 밀기 전과 후를 생각하며 결과를 예측해 볼 수 있어요.

23 쭉쭉 밀면서 그리는 그림 ②

활동 방법 물감을 밀면 어떤 모양이 펼쳐질까요? 먼저 상상해 보세요.

💡 Tip

아이가 원하는 표현이 나오지 않았을 때 느끼는 좌절감은 어떻게 해야 할까요?

그림이 마음에 들지 않아 속상해한다면, 아이의 마음을 이해하고 공감하는 것이 우선입니다. 그런 다음 결과보다 과정이 중요하다는 이야기를 해주세요. 형태 표현을 어려워하는 경우에는 큰 덩어리에서 세부 묘사로 함께 그려보는 연습을 해보세요. 다른 재료를 써서 다양하게 표현해 보는 것도 방법입니다. 이렇게 마음대로 흘러가지 않는 상황에서 아이가 자신의 감정을 다루는 법을 배울 수 있다는 것이 미술 활동의 큰 장점이기도 합니다.

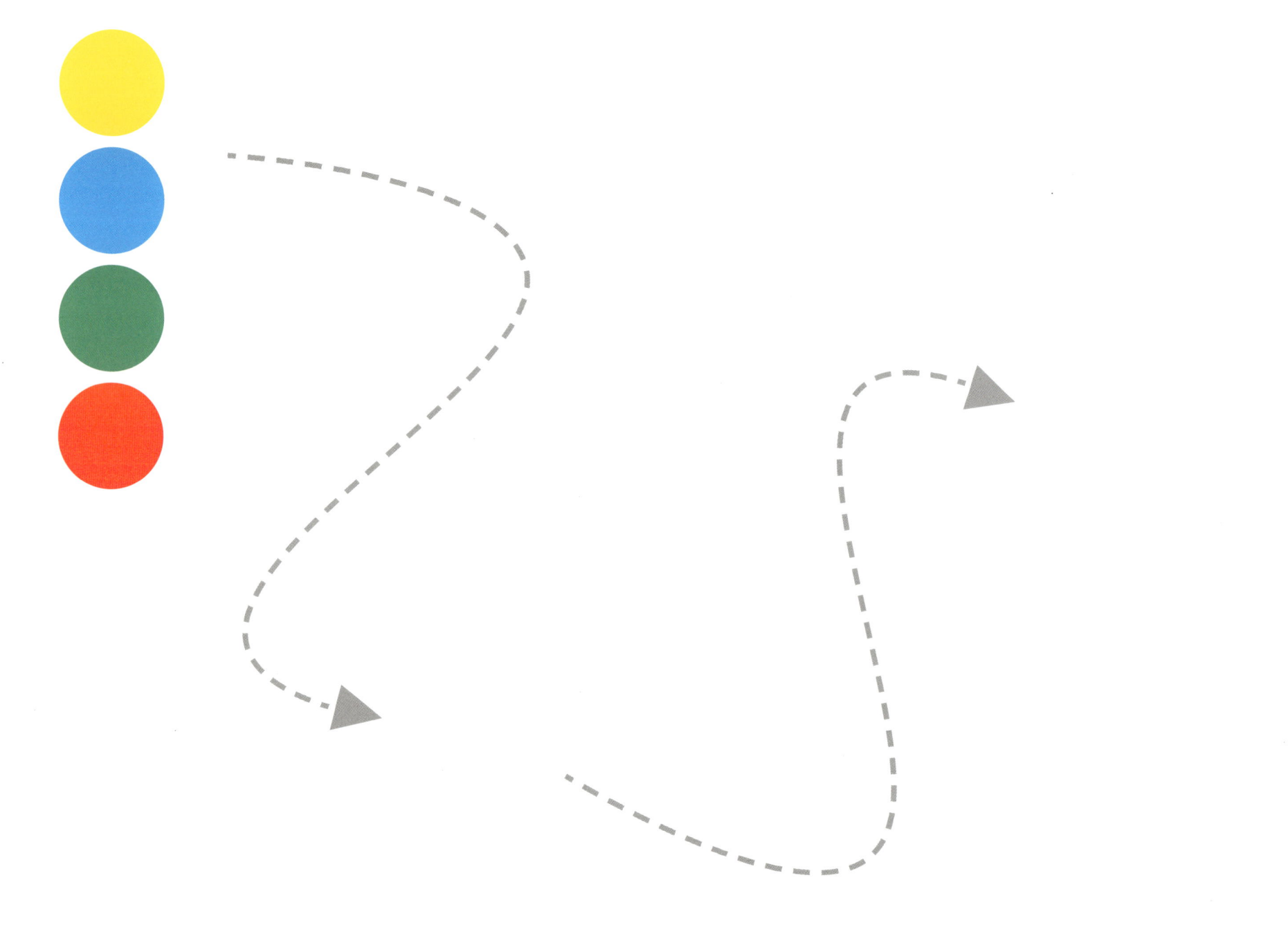

24 톡톡 뽁뽁이 그림

활동 방법 뽁뽁이 위에 자유롭게 물감을 칠한 다음 복어 워크지에 찍거나 뽁뽁이를 붙여 그림을 완성해 주세요.

놀이 효과

➕ **재활용품을 사용하는 과정에서 재사용에 대해 생각해 볼 수 있어요.**
버리는 재료를 놀이에 사용하면서 미술 재료에 대한 생각의 폭을 넓힐 수 있어요.

➕ **여러 가지 질감을 느껴 보아요.**
매끈하고 올록볼록한 뽁뽁이를 만져 보고 물감을 칠해 보며 다양한 질감을 경험해 보세요. 여러 가지 질감은 다양한 상상력을 끌어냅니다.

➕ **미술에 대한 흥미를 높일 수 있어요.**
재료 기법 위주의 미술 활동은 그림 그리기를 어려워하는 아이들이 가지고 있는 미술에 대한 부담을 덜어줍니다.

25 이쪽저쪽 데칼코마니 ①

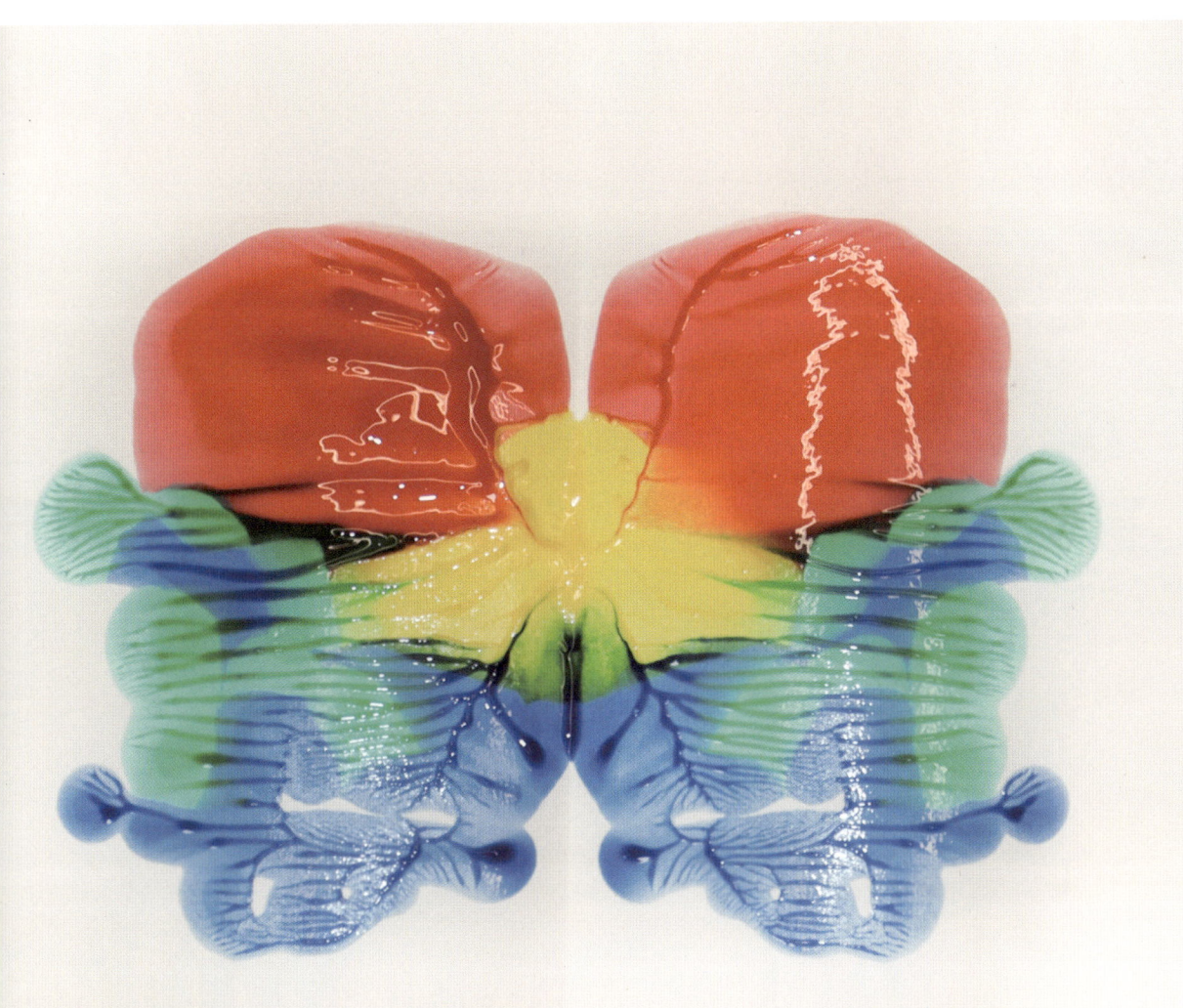

활동 방법 점선을 따라 종이를 접었다가 편 다음 워크지 위에 물감을 짜요. 다시 종이를 접어 2~3번 정도 눌렀다가 펼치면 아름다운 그림이 완성되어요.

놀이 효과

➕ **대칭성과 균형 감각을 키우는 데 좋아요.**
대칭 이미지를 만드는 과정에서 대칭성과 균형 감각이 길러져요. 미술뿐 아니라 수학적 능력까지 향상시킬 수 있답니다.

➕ **집중력이 향상되어요.**
물감을 짜고 누르는 과정에서 순간 집중력이 높아집니다. 집중력이 짧은 아이들에게 효과적입니다.

➕ **성취감이 높아져요.**
간단한 움직임으로 화려한 결과가 나오기 때문에 표현력이 서툰 아이에게 큰 성취감을 줘요.

반으로 접으세요.

26 이쪽저쪽 데칼코마니 ②

 **활동 방법** 어떤 그림이 나올지 머릿속으로 상상하면서 활동해 보세요.

 **Tip**

미술 활동에 관심을 갖게 하려면 어떻게 해야 하나요?

다양한 재료를 제공하여 아이가 마음껏 실험하고 탐색할 수 있도록 도와주세요. 아이만의 미술 작업 공간이 있으면 더욱 좋습니다. 가족이 함께 미술관을 방문하여 미술에 관심을 갖게 하는 것도 추천합니다. 여러 가지 방법으로 아이가 미술에 대한 흥미를 느끼고 지속적으로 관심을 가질 수 있도록 도와주세요.

반으로 접으세요.

27 휙휙 신나는 물감 흘리기 ①

활동 방법 물감에 물을 많이 섞어 워크지의 물방울 모양 위에 떨어트린 다음 종이를 세워 물감을 흘려 보세요.

💡 놀이 효과

➕ **감각적 경험이 쌓이고 인지 발달이 높아져요.**
물감이 흐르는 것을 관찰하는 과정에서 시각적 경험이 쌓여요. 다양한 색과 질감, 흐르는 방식을 보며 아이들은 색의 혼합과 형태의 변화 등을 이해합니다.

➕ **정서 안정 효과가 있어요.**
물감이 흐르는 것을 가만히 관찰하다 보면 마음이 편안해지는 것을 느낄 수 있어요. 물감이 흐르는 것을 보다 보면 집중력도 올라간답니다.

➕ **상상력을 자극할 수 있어요.**
흐르는 물감의 패턴을 보며 새로운 아이디어를 찾거나 자신만의 이야기를 만들어 보세요. 상상력과 창의력을 향상시킬 수 있어요.

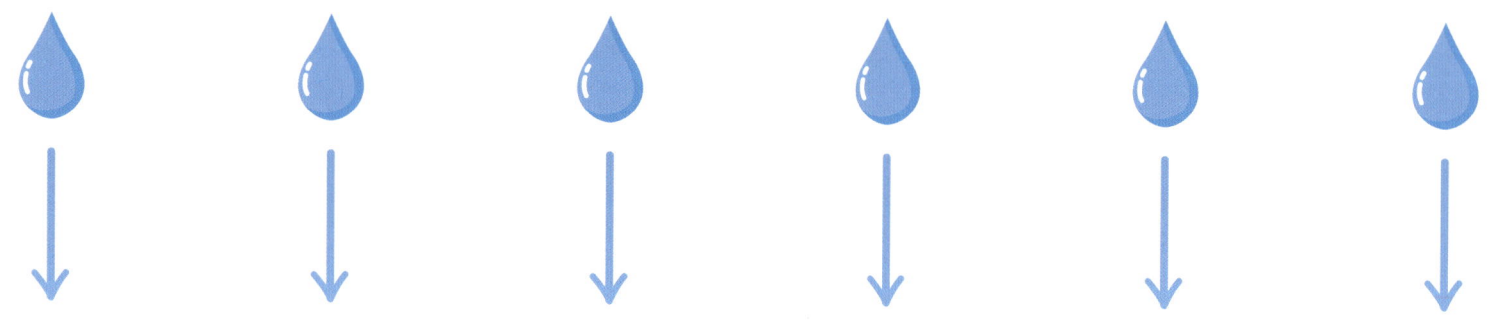

28 휙휙 신나는 물감 흘리기 ②

활동 방법 아름다운 꽃밭에 알록달록 비를 뿌려 주세요. 개성 가득한 꽃밭이 완성되어요.

 Tip

미술 재료는 어떻게 제공해야 할까요?

기본적으로 종이, 색종이, 붓, 물감, 크레용, 색연필, 풀, 가위, 테이프 등을 구비해 두는 것이 좋습니다. 이 외에도 다양한 질감과 색상의 종이를 준비해 두면 아이가 재료의 제약 없이 미술 활동을 즐길 수 있답니다.

- **다양한 질감의 종이**: 수채화용 종이, 색종이, 모양 종이 등
- **다양한 크기의 붓**: 큰 붓, 작은 붓, 세밀한 붓을 포함하여 여러 종류
- **다양한 종류의 물감**: 수채화 물감, 아크릴 물감, 유성 물감 등
- **다양한 종류의 색연필과 크레용**: 메탈릭 색연필, 페인트스틱 등의 특이한 재료도 포함
- **특수 재료**: 스탬프, 스텐실, 비즈, 천 조각 등

가장 중요한 것은 아이가 재료를 다양하게 다루어 보고 실험할 수 있도록 지켜봐 주는 것이랍니다.

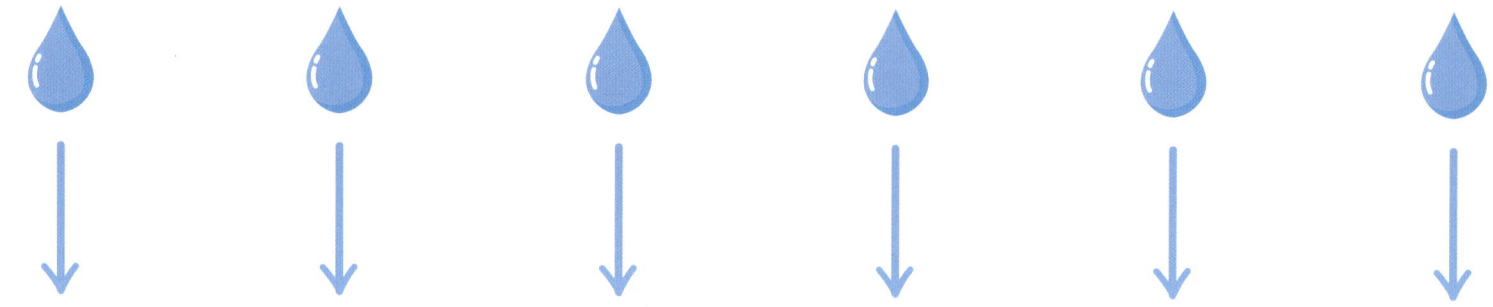

29 신비로운 썬캐쳐 만들기 ①

활동 방법 워크지의 흰 부분을 칼로 잘라 셀로판지를 붙일 공간을 만든 다음 그 부분에 시트지를 붙이고 구멍 위에 색색의 셀로판지를 붙여 빛을 통과시켜 보세요.

놀이 효과

➕ **낯선 재료를 사용해 볼 수 있어요.**
셀로판지의 색과 소리, 질감 등을 탐색하며 새로운 경험을 할 수 있습니다.

➕ **빛과 색에 대한 이해를 높일 수 있어요.**
빛이 셀로판지를 통과할 때 나타나는 색을 관찰하는 과정에서 빛의 성질을 이해할 수 있어요.

➕ **공간에 대해 생각해 볼 수 있어요.**
썬캐쳐 안쪽과 바깥쪽 풍경을 비교하면서 공간에 대해 생각해 볼 수 있어요.

30 신비로운 썬캐쳐 만들기 ②

활동 방법 다양한 컬러의 셀로판지가 선사하는 빛의 아름다움을 경험해 보세요.

Tip

일상 속에서 미술을 접할 수 있는 방법에는 어떤 것이 있을까요?

아이와 함께 미술관이나 박물관, 갤러리, 조각공원을 방문하여 다양한 작품을 보는 것을 추천합니다. 꼭 그림을 그리거나 무언가를 만드는 것만이 미술 활동은 아니에요. 일상 속에서 미술 작품을 가까이 하는 것도 큰 의미의 미술 활동이라는 걸 잊지 마세요.

31 차곡차곡 색모래 유리병 ①

활동 방법 워크지 속 오너먼트를 색모래로 꾸며 보세요. 목공용 풀이 있다면 풀을 칠한 뒤 색모래를 뿌려 꾸며도 좋아요.

💡 놀이 효과

➕ **모래를 만지며 여러 가지 감각을 경험해요.**
색모래를 만지며 손끝의 세밀한 감각을 기를 수 있어요.

➕ **컬러 감각을 높일 수 있어요.**
여러 가지 색깔의 모래를 사용해 워크지 속 오너먼트를 꾸미는 과정에서 개성 있는 컬러 조합을 찾고 감각을 높일 수 있어요.

➕ **언어 발달을 이끌어낼 수 있어요.**
모래를 만지며 해변에서의 기억, 모래 놀이터에의 기억을 꺼내 이야기 나눠 보세요. 장기 기억력과 언어 발달을 높일 수 있답니다.

32 차곡차곡 색모래 유리병 ②

활동 방법 워크지 위에 색모래를 재미있게 뿌려 보세요.

 **Tip**

미술 활동 중 아이와 어떤 이야기를 나누면 좋을까요?

아이의 작품에 대해 궁금증을 가지고 질문해 보세요. "이 그림에서 가장 마음에 드는 부분은 어디야?", "이 색을 많이 쓴 이유가 있을까?" 이렇게 질문하고 대답을 듣다 보면 모르고 있던 아이의 마음을 알 수 있어요. 아이가 의도하지 않고 무심코 그린 그림들도 이야기를 나누다 보면 의미가 확장된답니다. 그러니 활동 중간 중간 많은 대화를 나눠 보세요.

33 콩콩 과일 도장 찍기

활동 방법 과일이나 채소를 잘라 단면에 물감을 묻히고 워크지에 찍어 보세요.

놀이 효과

➕ **과일과 채소의 단면을 보며 각각의 특징을 알 수 있어요.**
재료 단면의 관찰을 통해 과일과 채소의 특징을 비교할 수 있습니다.

➕ **언어 능력을 향상시킬 수 있어요.**
과일 도장을 찍으며 평소에 사용하지 않던 언어적 표현들을 사용하게 됩니다.

➕ **다양한 감각의 발달을 도울 수 있어요.**
과일의 질감과 물감의 촉감을 동시에 경험하면서 여러 가지 감각 자극을 받을 수 있습니다. 이러한 감각 자극은 감각 통합 능력의 향상으로 이어집니다.

34 쾅쾅 꽃잎 그림 그리기

활동 방법 워크지 위에 꽃잎을 올린 다음 OHP필름을 덮고 나무망치로 쿵쿵 찍어 무당벌레에게 옷을 입혀 주세요.

놀이 효과

+ **스트레스 해소에 좋아요.**
  아이들도 여러 상황에서 받는 스트레스가 있죠. 꽃잎을 쾅쾅 두들기는 과정에서 아이의 마음속 스트레스가 해소됩니다.

+ **자연의 색을 느낄 수 있어요**
  자연 그대로의 색을 느끼다 보면 감수성이 높아져요.

+ **눈과 손의 협응력이 좋아져요.**
  나무망치로 꽃잎을 두들기는 과정에서 눈과 손의 협응력이 높아진답니다.

35 소금 뿌려서 그림 그리기 ①

활동 방법 붓에 물감과 물을 충분히 묻혀 도화지에 칠한 다음 굵은 소금을 뿌려요. 물감이 모두 마르면 소금을 털어내고 소금 자국을 관찰해 보세요.

놀이 효과

➕ **인내심을 기를 수 있어요.**
소금이 물감을 흡수하며 나타나는 자국을 보려면 기다림이 필요합니다. 기다리는 과정에서 인내심이 생겨요.

➕ **여러 가지 감각을 느낄 수 있어요.**
소금을 손으로 만져 보고 먹어 보며 다양한 감각을 느낄 수 있어요.

➕ **물감을 자유롭게 사용하는 과정에서 미술 활동의 기초를 다질 수 있어요.**
물감을 종이에 넓게 칠하는 과정에서 붓과 물, 물감 다루는 법을 배울 수 있어요.

36 소금 뿌려서 그림 그리기 ②

활동 방법 내가 뿌린 소금이 어떤 자국을 만들어낼지 상상하면서 별무리를 꾸며 보세요.

Tip

미술 활동을 할 때 아이에게 하지 말아야 하는 말이 있을까요?

아이의 작품을 비교하거나 평가하는 듯한 말은 삼가는 것이 좋습니다. 마음을 다해 표현한 작업의 완성도를 평가 받는 경험을 자주 한 아이는 미술 활동에 대한 흥미를 잃을 수 있어요. 자신감도 떨어질 수 있고요. 부정적인 피드백이나 강요, 비판적인 언어도 좋지 않습니다. 기억해 주세요.

37 슝슝 드라이어 그림

활동 방법 물감과 물을 섞어 머리 위에 뿌린 뒤 드라이어 바람을 이용해 물감을 움직여 보세요.

놀이 효과

➕ **물감이 흩어지는 과정을 보며 집중력을 키울 수 있어요.**
물감이 퍼지는 과정을 조용히 관찰하면서 집중력이 높아집니다.

➕ **과학적 탐구심을 높일 수 있어요.**
드라이어에서 나오는 바람의 세기에 따라 물감이 움직여요. 바람의 방향과 세기에 따라 움직이는 물감을 보면서 기초 과학의 개념을 정립할 수 있어요.

➕ **스트레스를 해소할 수 있어요.**
몰입이라는 즐거운 경험이 긴장을 풀고 스트레스를 해소하는 데 도움을 줍니다.

38 차가운 얼음 물감

활동 방법 물감과 물을 섞어 얼린 얼음 물감으로 펭귄이 집으로 돌아갈 수 있도록 길을 만들어 주세요.

놀이 효과

➕ **물감이 녹는 과정을 관찰하면서 탐구심을 기를 수 있어요.**
얼음이 얼고 녹는 물리적 변화를 보면서 자연 현상에 대한 호기심과 탐구심이 자극받아요.

➕ **자율성을 기를 수 있어요.**
스스로 얼음 물감을 만들고 그림을 그리는 과정을 통해 자율성을 기를 수 있어요.

➕ **자기 표현 능력이 좋아져요.**
자신만의 스타일로 그림을 그리며 표현 능력을 키울 수 있습니다. 이 과정에서 자신감도 함께 높아지지요.

39 양초로 쓴 비밀 편지

활동 방법 양초로 비밀 편지를 쓴 뒤 글씨를 수채화 물감으로 칠하여 나타나는 글씨를 관찰해 보세요.

놀이 효과

➕ **주변의 사물이 가진 특성을 이해할 수 있어요.**
양초의 재미있는 특성을 알고 나면 주변에 있는 다른 사물에 대한 궁금증이 생길 거예요.

➕ **관찰력이 높아져요.**
물감을 칠하면서 비밀 글씨나 그림을 찾는 과정에서 세심한 관찰 능력이 키워집니다.

➕ **문해력 향상에 도움이 되어요.**
비밀 글씨를 찾는 활동은 글자에 대한 인지를 높이고, 읽기 능력을 높이는 데 기여해요.

40 신기한 종이 습자지

활동 방법 워크지에 스프레이로 물을 뿌린 뒤 자른 습자지를 붙여 드레스를 완성해 보세요.

💡 놀이 효과

➕ **컬러 감각을 높일 수 있어요.**
여러 가지 색상의 습자지를 관찰하고 배치하는 과정에서 색에 대한 감각이 길러집니다.

➕ **예술적 감각을 계발하는 데 도움이 되어요.**
색상과 형태, 구성 등을 고려해 꾸미는 과정에서 예술적 감각이 발달해요.

➕ **습자지를 찢으며 형태를 만드는 법을 배워요.**
손으로 습자지를 자르고 찢는 과정을 통해 형태를 만드는 다양한 방법을 경험하게 됩니다.

41 비밀 그림 찾아 주는 오일 ①

 **활동 방법** 워크지 위에 A4 용지 한 장을 올린 뒤 붓을 이용해 오일을 바른 다음 그림이 나타나는 모습을 관찰해 보세요.

 **놀이 효과**

➕ **재료들의 물리적 특성을 이해할 수 있어요.**
오일과 종이의 물리적 성질을 이해할 수 있어요.

➕ **관찰력이 좋아져요.**
비치는 그림을 찾기 위해 세심하게 관찰하는 동안 사물을 주의 깊게 바라보는 습관이 생겨요.

➕ **비판적 사고력을 키울 수 있어요.**
어떤 그림이 비치는지 판단하고 워크지를 선택하는 과정에서 비판적 사고 능력이 발달됩니다.

42 비밀 그림 찾아 주는 오일 ②

활동 방법 A4 용지 위에 붓으로 오일을 바른 다음 서서히 나타나는 그림을 만나 보세요.

💡 Tip

아이와 가족이 함께 즐길 수 있는 협동 작업에는 어떤 것들이 있나요?

대표적인 협동 작업 두 가지를 알려드릴게요.

① 종이에 한 사람이 작은 원 또는 선을 그리는 것으로 그림을 시작합니다. 다른 사람이 그림을 이어 그립니다. 이렇게 계속 다음 사람, 또 다음 사람이 그림을 그리면서 작품을 완성해 보세요.

② 잡지나 신문, 광고에서 사진을 찢거나 자릅니다. 그런 다음 중간 사이즈 전지나 커다란 택배 박스에 자른 사진과 색종이, 패브릭 조각 등을 붙여 하나의 큰 작품을 완성해 보세요.

43 뜨거운 크레용 놀이

활동 방법 크레용을 긁어서 종이에 뿌리고 유산지를 덮은 다음 다리미로 눌러 나무를 완성해 보아요.

놀이 효과

➕ **위험한 재료를 다루면서 안전에 대한 인식을 가질 수 있어요.**
다리미를 사용하는 보호자의 주의를 받으며 위험한 물건과 위험에 대처하는 방법을 배울 수 있습니다.

➕ **물성이 달라지는 현상을 관찰하며 흥미를 가질 수 있어요.**
딱딱한 크레용이 녹아 종이에 달라붙는 과정을 보며 재미와 흥미를 느낄 수 있답니다.

➕ **실험 정신을 기를 수 있어요.**
여러 가지 도구나 방법을 사용하여 실험하는 미술놀이는 호기심과 실험 정신을 키워줍니다.

44 컬러 소금

활동 방법 워크지를 따라 목공용 풀을 짜고, 소금을 뿌린 뒤 말려 주세요. 소금이 어느 정도 붙으면 스포이트로 소금 위에 물감을 떨어트려 채색해 주세요.

놀이 효과

➕ **소금의 특징에 대해 배울 수 있어요.**
물감과 물을 흡수하는 소금의 성질을 이해할 수 있어요.

➕ **성취감이 높아져요.**
형태가 있는 워크지의 활용은 완성도가 쉽게 올라가기 때문에 성취감을 높이는 데 큰 도움이 됩니다.

➕ **신체 발달에 도움을 줘요.**
물감과 소금을 다루는 과정에서 손의 근육을 활발하게 사용할 수 있어요. 조절력까지 함께 높일 수 있답니다.

45 보글보글 거품 물감

활동 방법 컵에 세제와 물감을 섞은 후 빨대로 불어 거품을 만들어 보세요. 그런 다음 워크지 위에 거품을 올려 재미있는 그림을 그려 보아요.

놀이 효과

➕ **입 주변 근육의 힘을 기를 수 있어요.**
빨대를 입으로 불다 보면 입 주변 근육의 힘이 좋아집니다.

➕ **눈과 손의 협응력을 높일 수 있어요.**
물감 거품을 원하는 위치에 올리려면 눈과 손의 협응이 필요해요. 주의집중력도 함께 올라간답니다.

➕ **새로운 아이디어를 떠올릴 수 있게 도와줘요.**
빨대로 만든 물감 거품을 보고 연상되는 것들을 생각하며 사고력이 높아집니다.

46 코튼볼 놀이

활동 방법 물감을 묻힌 코튼볼을 워크지에 붙여 귀여운 양을 완성해 보세요.

놀이 효과

➕ **집중력이 지속되는 시간을 늘릴 수 있어요.**
컬러 코튼볼은 만드는 과정이 길어요. 자연스럽게 아이의 집중력을 지속시킬 수 있답니다.

➕ **색을 스스로 만들며 조절 능력을 배워요.**
밀가루에 색소를 넣는 비율을 조절하며 색의 채도를 조절하는 방법을 익힐 수 있어요.

➕ **실험 정신을 기를 수 있어요.**
많은 도구와 재료가 필요한 놀이는 호기심과 실험 정신을 키워준답니다.

* **코튼볼 만드는 법**
같은 양의 밀가루와 물을 섞어 반죽한 뒤 쿠키 틀에 넣고 여러 컬러의 물감을 넣어 솜에 골고루 묻혀 오븐에 구우면 완성.

47 고체 물감 만들기

활동 방법 고체 물감을 만들어 나만의 컬러 차트를 완성해 보세요.

놀이 효과

➕ **물감을 만들며 성취감이 높아져요.**
물감을 만들어 사용하는 과정에서 스스로 만든 재료에 대한 애정과 성취감이 동시에 높아집니다.

➕ **색에 대한 관심이 높아져요.**
물의 양과 물감의 양에 따라 다르게 표현되는 색을 경험하며 색에 대한 관심을 높일 수 있어요.

➕ **실험 정신을 키울 수 있어요.**
많은 도구와 재료가 필요한 활동은 놀이에 대한 호기심을 자극한답니다.

*고체 물감 만드는 법
베이킹 소다 4컵, 전분가루 4컵, 물엿 2컵, 식초 3컵을 잘 섞어 쿠키 틀에 넣어 1~2일 말리면 완성.

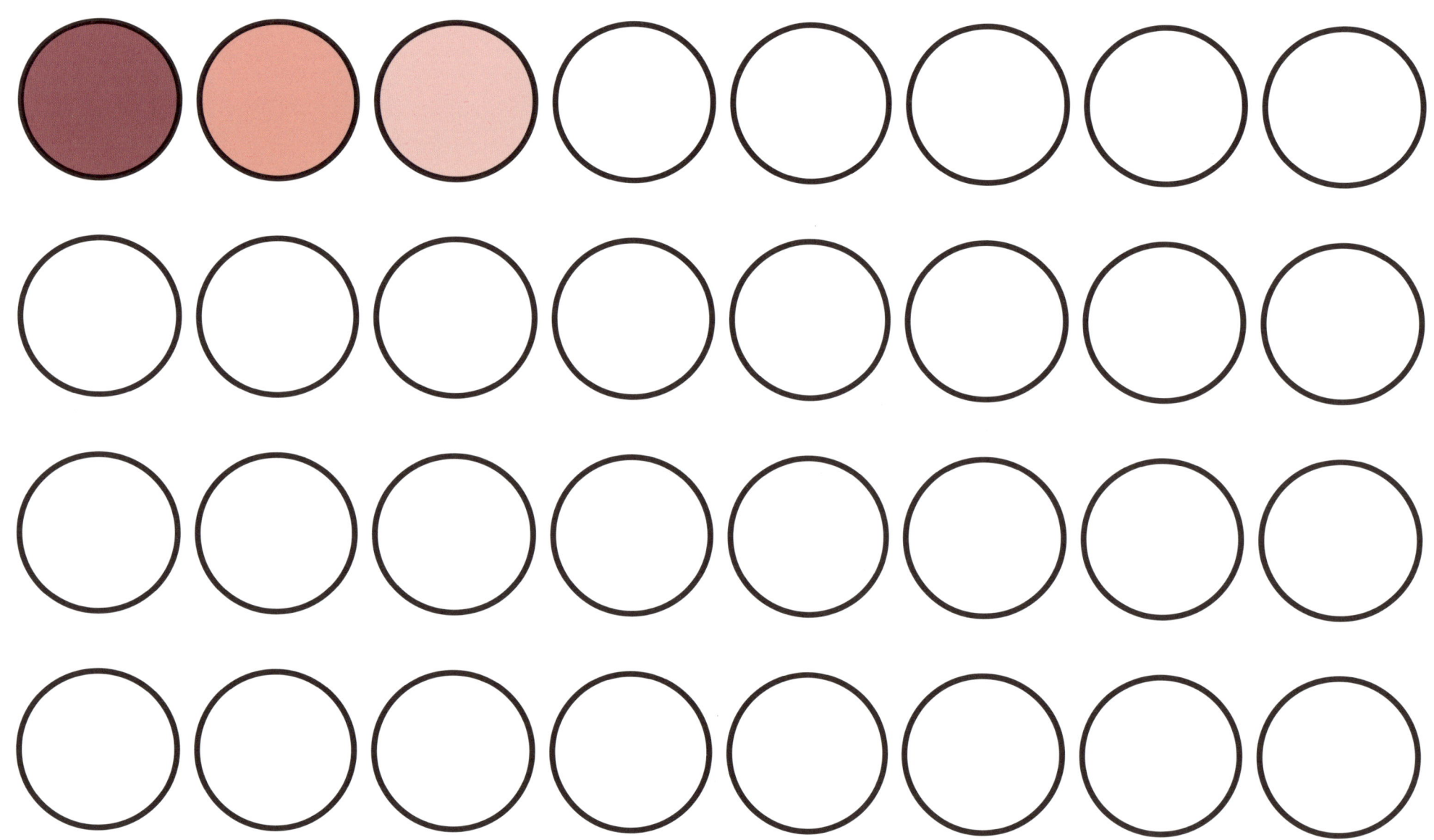

48 먹어도 안전한 소금 물감

활동 방법 소금, 물, 밀가루, 식용 색소를 섞어 만든 소금 물감을 워크지에 마음껏 뿌려 피자를 완성해 보세요.

놀이 효과

➕ **소금을 이용한 놀이들을 떠올리며 비교해 볼 수 있어요.**
소금이 물감을 흡수하는 놀이, 소금을 염색하는 놀이 등과 비교할 수 있어요. 소금을 이용한 또 다른 놀이를 생각해 보세요.

➕ **밀가루를 섞는 과정에서 대근육이 발달해요.**
밀가루와 물을 섞는 과정에서 큰 근육을 사용할 수 있어요. 아이가 직접 해 볼 수 있도록 격려해 주세요.

➕ **물감의 묽기를 조절하는 능력을 높여 줍니다.**
물이 많이 들어가면 묽어지고 적게 들어가면 되직해지는 원리를 배울 수 있어요.

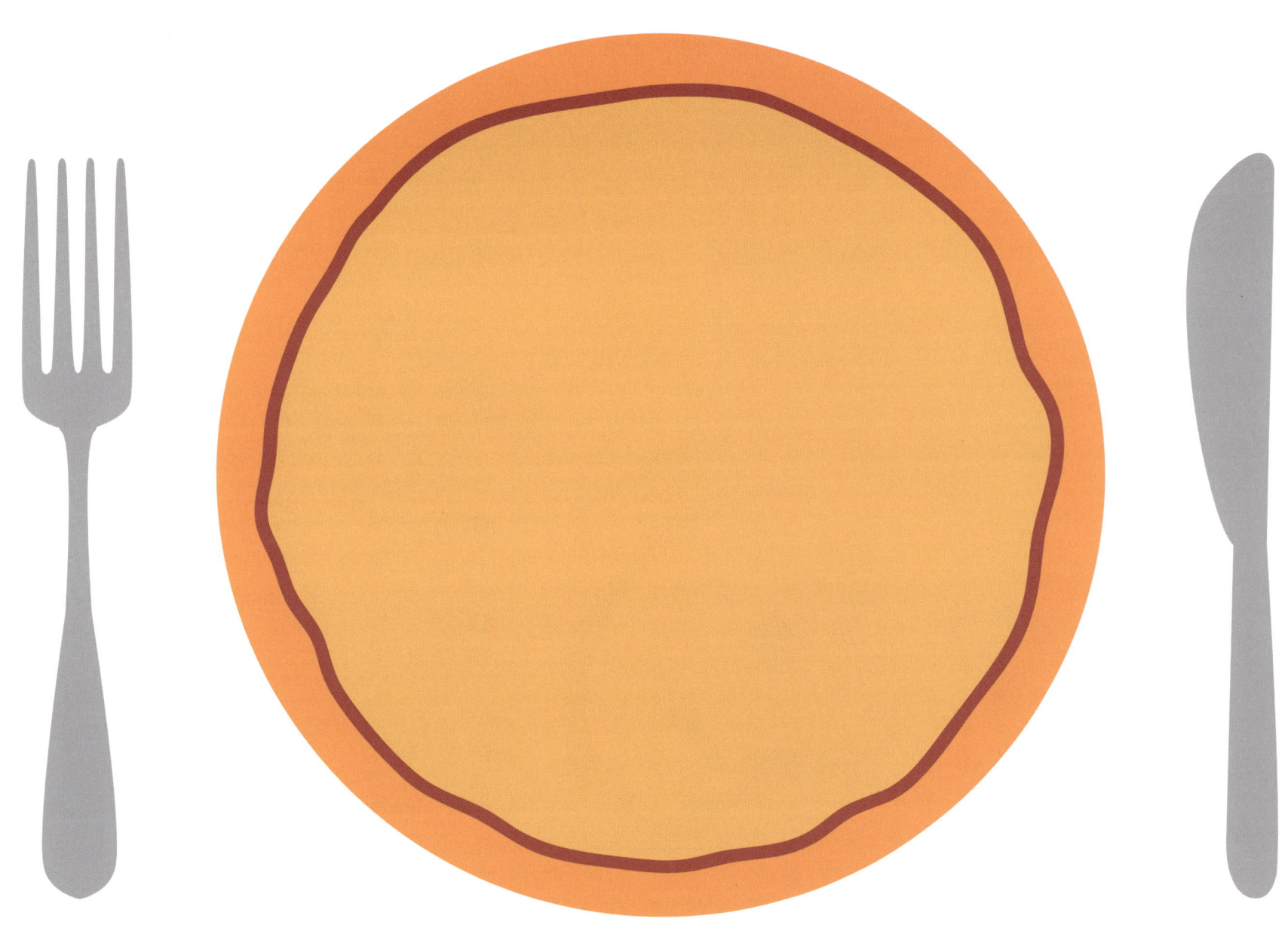

49 내가 만든 붓으로 그리는 그림

활동 방법 주변에 작은 사물을 집게로 집어 나만의 붓을 만들어 보세요. 내가 만든 붓에 물감을 묻혀 워크지 속 케이크를 맛있게 꾸며 보세요.

놀이 효과

➕ **주변 환경과 물건에 대한 관심을 갖게 되어요.**
붓 만들 재료를 스스로 찾는 과정에서 주변을 탐색하고 관찰해 보는 기회를 가질 수 있어요.

➕ **응용력을 높일 수 있어요.**
집게에 들어가는 작은 재료들을 찾는 과정에서 응용력이 높아져요.

➕ **표현력이 다양하고 풍부해져요.**
재료에 따라 물감이 표현되는 모습이 달라지는 것을 보면서 표현력이 다양하고 풍부해집니다.

50 소스 통으로 점 그리기

활동 방법 소스 통에 물과 물감을 넣고 점을 찍어 워크지의 만다라를 채워 보세요.

놀이 효과

 **조절력을 기를 수 있어요.**
소스 통을 세게 누르면 물감이 너무 많이 나오고 반대로 힘을 적게 주면 잘 나오지 않아요. 원하는 표현을 하려면 손의 힘을 잘 조절해야 하는데, 이 과정에서 조절력이 키워집니다.

 점묘화 기법을 익힐 수 있어요.
점으로 그림을 그리는 점묘화 기법을 경험할 수 있어요. 점묘화 기법으로 그려진 작품을 함께 노출하면 더 좋습니다.

집중력이 높아져요.
물감을 톡톡 짜는 과정은 매우 섬세하게 이루어집니다. 이 과정에서 집중력이 높아진답니다.

51 캔버스 미술놀이 ①

활동 방법 그림 위에 마스킹 테이프를 붙인 다음 물감을 짠 뒤 비닐을 덮어 꾹꾹 눌러 주세요. 물감이 마르고 비닐과 마스킹 테이프를 제거하면 완성이에요.

놀이 효과

➕ **마스킹 테이프를 떼고 붙이는 과정을 통해 손의 힘을 기를 수 있어요.**
테이프를 뜯는 과정이 생각보다 힘듭니다. 가위를 사용하거나 보호자의 도움을 받으세요.

➕ **컬러 감각을 키울 수 있어요.**
여러 색깔의 물감을 배치하고 짜는 과정에서 색을 선택하는 감각이 생겨요. 색이 섞이는 과정을 보며 색에 대한 인지도 높아집니다.

➕ **그림을 예측하는 과정에서 상상력이 커져요.**
물감이 모두 마른 뒤에 마스킹테이프를 떼어내기 때문에 상상할 시간이 충분합니다. 물감이 마르는 동안 이야기를 나누며 어떤 그림이 나올지 즐겁게 대화해 보세요.

52 캔버스 미술놀이 ②

활동 방법 어떤 작품이 나올지 머릿속으로 상상하며 이야기를 나눠 보세요.

 **Tip**

눈과 손의 협응을 키울 수 있는 미술 재료에는 어떤 것이 있을까요?

도장을 찍을 수 있는 스탬프 도구, 손으로 떼었다 붙이는 스티커, 그리고 말랑말랑한 점토류를 추천합니다. 종이접기와 바느질, 퍼즐 맞추기 활동도 눈과 손의 협응에 도움이 됩니다.

I ♥ YOU

53 초간단 스텐실

활동 방법 워크지의 그림을 잘라 종이 위에 올리고 물감을 스펀지에 묻혀 툭툭 두들겨 주세요.

놀이 효과

➕ **상상력이 확장되어요.**
만든 이미지를 바탕으로 이야기를 만들어 보세요. 이 과정에서 창의적인 서사 능력이 발달합니다. 자기 작품에 대한 이야기를 만들어보면 상상력이 더욱 확장되겠죠.

➕ **실험 정신을 키울 수 있어요.**
다양한 기법을 시도하고 결과를 보며 실험적인 사고를 키울 수 있어요. 새로운 것을 시도해 보는 태도는 창의력을 높여 줍니다.

➕ **구도를 구성하는 법을 배워요.**
화면에 그림을 배치하는 과정에서 구도에 대한 이해가 높아져요.

54 내가 만든 크레용 ①

활동 방법 부서진 크레용을 실리콘 몰드에 넣고 오븐에 녹여서 굳히면 새 크레용이 되어요. 내가 만든 크레용으로 몬스터를 꾸며 보아요.

놀이 효과

➕ **과학적인 개념을 배울 수 있어요.**
크레용이 고체에서 액체로 변하고, 다시 고체로 바뀌는 과정에서 온도의 변화가 재료에 미치는 영향을 알 수 있어요.

➕ **재활용에 대한 개념이 생겨요.**
부러지거나 작아진 크레파스를 이용하며 재활용에 대해 생각해 볼 수 있어요.

➕ **미술 재료에 대한 애정이 생겨요.**
직접 만든 재료를 사용하면서 미술에 흥미가 높아지고 재료에 대한 소중함도 커져요.

55 내가 만든 크레용 ②

활동 방법 몬스터가 기다리고 있어요. 세상 단 하나뿐인 나만의 크레용으로 작품을 만들어 보세요.

Tip

아이가 만든 미술 작품은 어떻게 보관하면 좋을까요?

작품을 크기별로 정리할 수 있는 박스나 바인더를 사용해 보세요. 만들기 작품은 사진 촬영을 해서 남겨두는 것이 좋습니다. 그중 특별한 작품이나 간직하고 싶은 작품은 캔버스에 붙이거나 프레임을 만들어 집에 걸어두면 좋아요.

56 코튼볼로 그림 그리기

활동 방법 글루건을 사용해 휴지심에 코튼볼을 붙인 다음 물감을 묻혀 종이를 밀면 아기별이 엄마별을 만날 수 있어요.

놀이 효과

➕ **그림에 대한 흥미를 높일 수 있어요.**
아름다운 색상이 시각적 흥미를 끌어내 미술에 대한 즐거움을 느낄 수 있어요.

➕ **코튼볼을 붙이면서 부드러운 촉감을 느껴 보아요.**
말랑하고 부드러운 코튼볼의 촉감을 충분히 느낄 수 있습니다.

➕ **휴지심을 사용하는 과정에서 재활용의 의미를 생각할 수 있어요.**
여러 가지 재활용품을 미술놀이에 재료로 활용하다 보면 응용력이 높아질 수 있어요.

57 콕콕 면봉 물감 놀이 ①

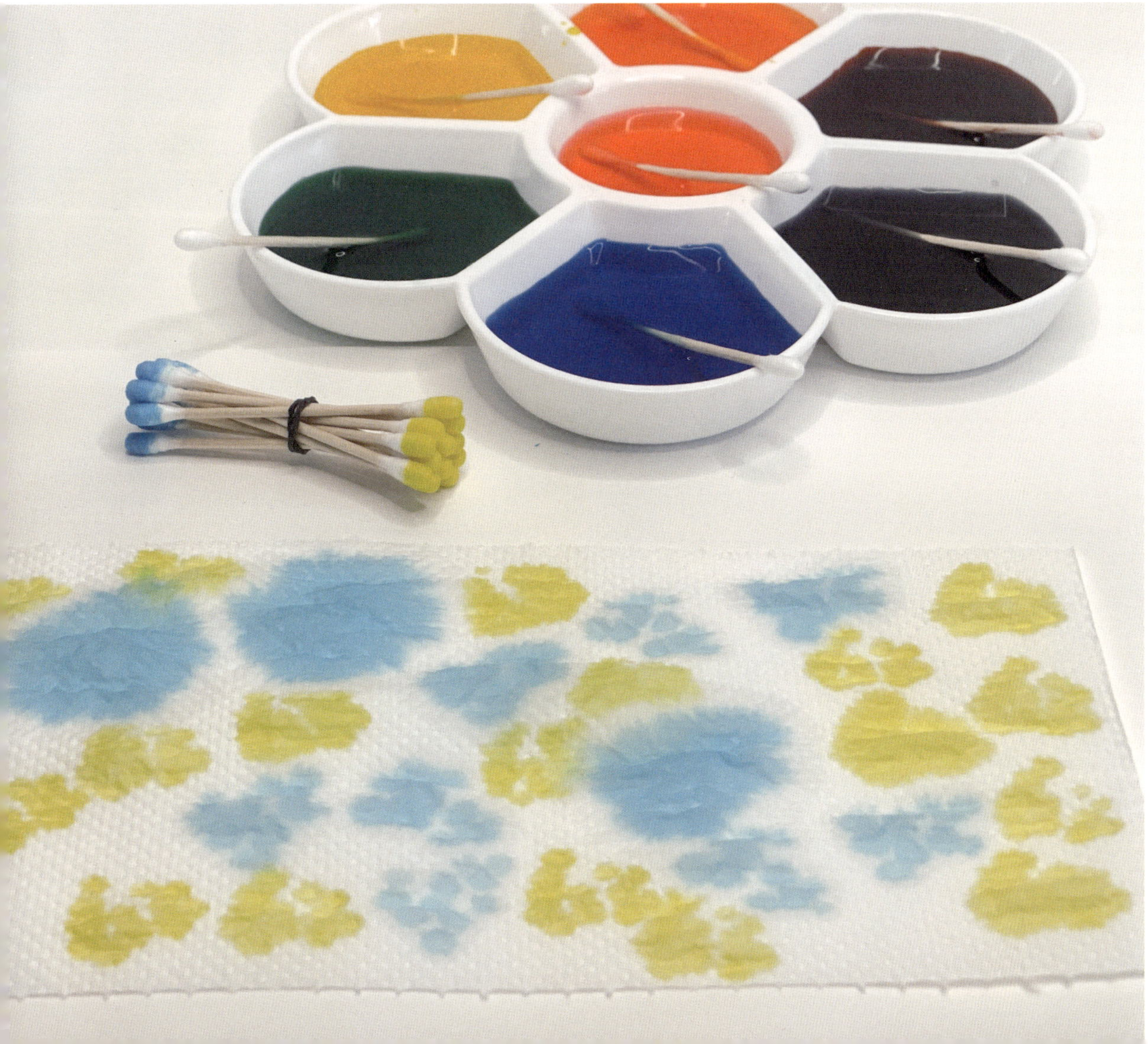

활동 방법 면봉 10개 정도를 고무줄로 묶어 주세요. 면봉에 물감을 묻혀 워크지에 콕콕 찍어 그림을 그려 보세요.

💡 놀이 효과

➕ **성취감을 느낄 수 있어요.**
그림을 그리기 어려워하는 아이도 간단한 활동을 통해 작품을 완성할 수 있답니다. 이 과정에서 성취감이 높아지지요.

➕ **수채화의 기본 표현 방법을 알게 되어요.**
휴지에 색소가 퍼지는 현상은 수채화와 비슷해요. 수채화를 그리는 기분을 느낄 수 있어요.

➕ **종이가 아닌 다른 화면에 표현해 볼 수 있어요.**
종이가 아닌 휴지에 그림을 그리면서 재료 확장에 대한 아이디어를 체득할 수 있어요.

58 콕콕 면봉 물감 놀이 ②

활동 방법 수채화를 그리는 기분으로 고래를 멋지게 완성해 보세요.

Tip

미술 교육에서 부모의 역할이 궁금합니다.

아이가 미술 활동을 할 때 보호자는 무언가 알려주기보다 아이가 편하게 활동할 수 있도록 격려하고 응원해 주세요. 함께 미술 활동을 하며 정서적 교감을 나누어도 좋고, 그림을 그리며 편안한 시간을 보내도 좋아요. 아이와 아이디어를 나누고 시도하는 법을 알아가는 것도 추천드려요. 아이의 이야기에 귀 기울여주고, 스스로 표현할 때까지 기다려 주세요.

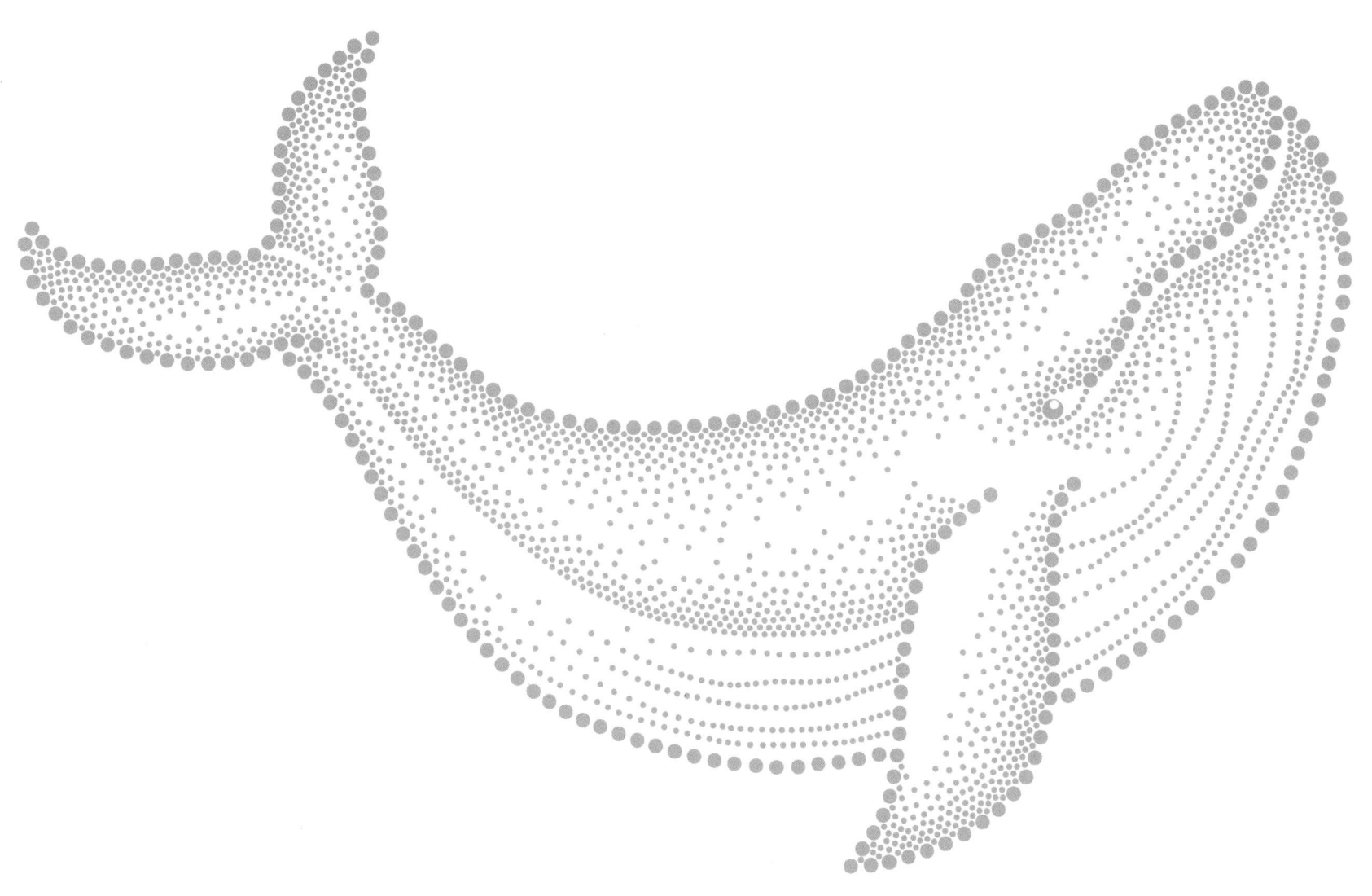

59 쫀득쫀득 거품 물감 ①

활동 방법 셰이빙 폼과 목공용 풀, 식용 색소를 섞어 쫀득한 거품 물감을 만들고, 워크지에 나만의 옷을 디자인해 보세요.

놀이 효과

➕ **거품이 주는 새로운 질감을 경험할 수 있어요.**
몽글몽글한 셰이빙 폼이 주는 질감을 느끼며 새로운 표현을 할 수 있어요.

➕ **워크지 위에 거품 물감을 올리는 과정에서 집중력이 높아져요.**
거품 물감은 물감보다 원하는 모양으로 만들기 어렵습니다. 높은 집중력을 필요로 하지요.

➕ **형태에 따라 다양한 도구를 사용할 수 있어요.**
붓, 나무막대처럼 형태를 표현하기 쉬운 도구를 찾아 마음껏 표현해 보아요.

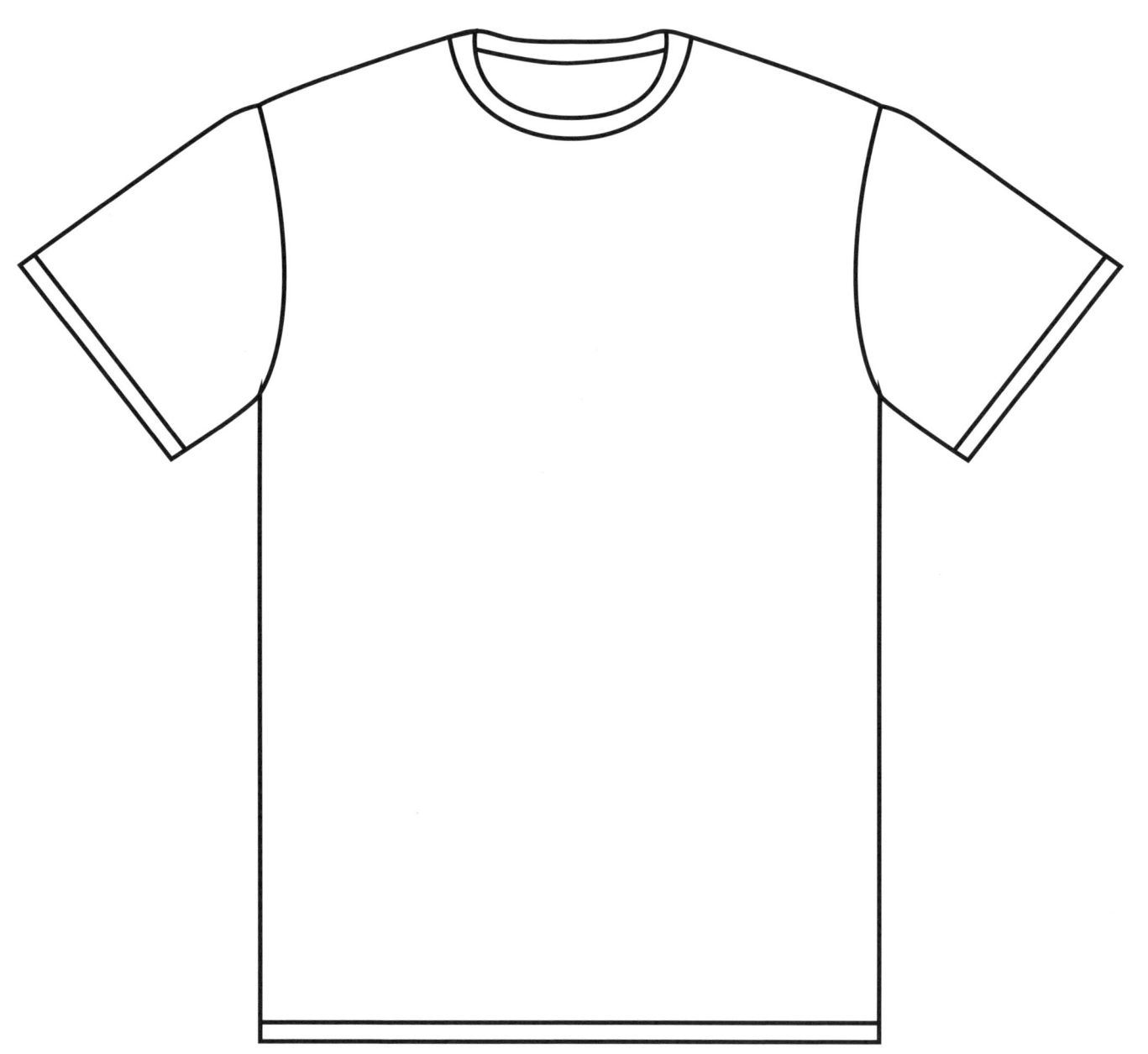

60 쫀득쫀득 거품 물감 ②

활동 방법 거품 물감으로 세상에 하나뿐인 나만의 티셔츠를 디자인해 보세요.

Tip

미술 활동을 위한 공간을 만들 때 무엇을 고려하면 될까요?

아이가 자유롭게 활동할 수 있는 밝고 안전한 공간을 만드는 것이 중요합니다. 그래야 자신만의 공간에서 만들고 그리며 스트레스를 해소할 수 있답니다. 아이의 키에 맞는 적당한 높이의 테이블을 놓아 편안하게 작업할 수 있도록 해주세요. 재료를 정리할 수 있는 서랍이나 박스가 있으면 더 좋아요. 다양한 재료를 구비하여 창의적으로 활동할 수 있는 환경을 만들어주는 것도 중요합니다.